FÉLIX L...

DREYFUS
et
VACHER

par

JACQUES — LEFRANC

10 CENTIMES

Paris
IMPRIMERIE MASQUIN, LACINE—VICTER
1900

J'ACCUSE !...

C'est le cœur serré de la plus poignante angoisse que je viens, au nom de la Justice et de l'Humanité, défendre l'honneur d'un martyr et sauver la tête d'un innocent.

J'ai acquis la conviction que Vacher, celui qu'une presse immonde, aux gages d'un gouvernement sans scrupules, appelle « le tueur de bergères », n'a jamais commis les crimes que lui impute l'opinion affolée. Je frémis d'horreur à la pensée de la douleur atroce qui, de sa serre inhumaine, étreint cette victime, et ma conscience indignée, assoiffée d'équité, de lumière et d'idéal, jette dans sa révolte sainte ce cri justicier :

J'accuse !... J'accuse le Ministre de la Justice, dans un but inavouable qu'il ne m'appartient pas de rechercher, d'avoir fait poursuivre, sous la plus abominable des accusations, un homme d'honneur, un dévoué patriote dont le seul crime était de n'avoir pas de domicile fixe.

J'accuse le juge d'instruction Delagorge d'avoir rendu, *par ordre*, une ordonnance de renvoi devant la Cour d'Assises. J'accuse les médecins aliénistes, Vaccinard et Couyard, d'avoir reçu de l'argent pour déposer contre Vacher des rapports faux et accablants. J'accuse le gardien Dupatty d'avoir, par des manœuvres inqualifiables, essayé d'arracher un aveu de la bouche du prisonnier.

J'accuse le Pape d'avoir, de concert avec le général Bois-de-frêne, machiné tout ce complot pour ramener la France au régime du Sabre et du Goupillon.

... Mais les hommes noirs et les hommes rouges, les Cafards et les Croquemitaines, les Calotins et les Galonnards, les hommes du 4 Septembre et de l'Inquisition, avaient compté sans la généreuse colère de mon verbe vengeur.

Et la vérité maintenant est en marche. Elle s'avance à grands pas, radieuse et souveraine, explorant de son éclatante nudité les sombres hypocrisies des procédures. Et la lumière, la grande lumière va se faire, intense et complète, dévoilant à l'Univers consterné, mais vengé, les abîmes où l'on voulait engloutir à jamais la Justice Sociale et la Liberté humaine !

Je sais très bien qu'en haut lieu, c'est-à-dire dans le temple de l'Autorité, mon attitude sera taxée de subversive et m'attirera, sans doute, les foudres du Pouvoir. Qu'on sache que je l'aurai voulu, que je l'aurai cherché.

Oui, j'ai voulu, par un acte révolutionnaire, obliger le Gouvernement à reculer devant la perpétration d'un nouveau crime social. J'ai voulu, par mon cri de révolte et de sauvegarde nationale, forcer les ministres responsables à faire la lumière, toute la lumière, sur l'inique sentence que préparent, dans l'ombre, des juges payés par le denier de Saint-Pierre et la cassette des cercles militaires.

Qu'on me poursuive donc ! J'apporterai au grand jour des assises populaires, devant douze citoyens indépendants et libres, devant cette justice publique, émanation directe de la Nation, expression extra-légale du Droit, j'apporterai la preuve, la preuve tangible, patente, aveuglante.

Par ma voix, l'Humanité violée réclame la parole.

J'accuse !... Qu'on me poursuive !

JACQUES DEFRANCE.

Ma conviction inébranlable en l'innocence de Vacher n'est pas le résultat d'une hallucination passagère ou d'une suggestion plus ou moins vague d'occultisme. Elle n'a pas été faite, comme celle de l'infâme dénonciateur public Gaston Méry, chez la Voyante de la rue de Paradis.

Cette conviction s'affirme comme la résultante mathématique de diverses inductions psychologiques qui m'inspirent et me dominent comme la pensée inspire et domine l'acte. Elle est d'ailleurs matériellement confirmée par un concours de faits indéniables qui seront révélés à l'instruction. Elle est enfin partagée par l'élite intellectuelle de la France et du monde entier ; et ce ne sera pas la moindre de mes gloires d'avoir groupé, dans une protestation unanime contre la plus grande injustice du siècle, tout ce qui a un nom dans les lettres, la science et les arts.

Je donne ci-après l'opinion de quelques-uns de mes éminents correspondants à ce sujet.

J. D.

LETTRE A BARCHICHAT

Noble martyr du sanguinaire fanatisme des fauves janissaires de Mohamed, vaillant précurseur de l'aristocratique invasion juive en les terres promises du Coran et de la Chrétienté, je salue ta mémoire, je vénère ton nom, j'évoque ton esprit.

O toi, dont les élus de Jéhovah viennent encore lécher les tibias sacrés que les chiens kabyles ont rongés, victime sublime des sultans barbaresques, inspire-moi, soutiens-moi dans l'homérique lutte que j'engage pour le Bien et pour la Vérité !

Mânes de Barchichat, descendez en mon âme !...

Et maintenant que ton souffle m'anime, laisse ma voix s'adresser à ton Ombre qui plane, là-haut, sur le promontoire fleuri où reposent tes reliques pour les pèlerinages des siècles à venir, et lui dire :

Par de là le mouvant azur et les verdoyantes rives lointaines, regarde gémir, dans sa cellule étroite et glaciale, ce jeune prisonnier que l'humaine férocité enchaîne et terrasse. Ecoute sa plainte navrante et douce cependant, comme une suppliante bucolique. A cet accent, harmonieux jusque dans sa détresse, facilement tu le reconnaîtras : C'est un berger... un de ces doux bergers que le bon Virgile a tant de fois chantés !

Eh ! bien, ce malheureux, victime expiatoire des menées cléricales, en butte aux haines religieuses qui sont la plus grande honte de notre époque ainsi que l'a si éloquemment proclamé ton cousin Joseph Reinach, ce malheureux agonise de douleur sous la plus infamante des accusations. On l'accuse d'avoir tué, puis violé, ou vice versa, toute une floppée de bergères !

Comme si Daphnis pouvait violer Chloé !..,

Violer les bergères d'aujourd'hui ! mais vous n'y pensez pas ? Je les connais ces bergères-là, je vous assure. J'en ai eu un tas pour maîtresses, et elles m'ont rapporté beaucoup d'argent. Elles s'appelaient. La Mouquette, Nana, je ne sais plus. Eh ! bien, ces garces-là, ces p.... écores, montraient leur derrière en plein jour à tout un régiment ; elles violaient les mineurs dans les galeries, les enfants dans les fossés, les vieillards dans les fiacres et les domestiques dans l'escalier. Jusqu'à moi-même qu'elles ont violé... pourtant, je vous le jure, je n'aime pas ces saletés-là.

Et ce sont ces bergères du lupanar et du ruisseau que ce pauvre gardeur de moutons, innocent comme l'agneau qui vient de naître, aurait violées ? Allons donc !

Il a suffi, pour tramer ce noir complot qui ramène la France de la Révolution aux temps barbares de la Féodalité, il a suffi qu'une de ces hétaïres hystériques, malgré ses lubriques provocations, n'ait pu obtenir les faveurs de ce candide berger. Il a suffi que le démon pervers de Ninive ait conduit cette prostituée chez un de nos séniles magistrats, dont elle aura acheté la conscience au prix des plus viles débauches et des derniers outrages.

L'accusation, la voilà !...

O Barchichat ! toi dont l'esprit protecteur a déjà sauvé le nom de Callas, communique le feu de ma sincérité à ce peuple de France dont les ancêtres sont morts pour donner leurs libertés et leur fortune aux Juifs !

Que l'Histoire couronne, dans sa commune apothéose, et le nom de Vacher et le nom de Zola ! La Postérité dira si nous avons violé les vaches ensemble !

Vacher est innocent, je le jure ! si Vacher n'est pas innocent qu'on biffe de mes quatre cents volumes le mot *merde* qui en a fait tout le succès et qui s'y trouve répété vingt-sept mille neuf cent trente-huit fois !

Si Vacher n'est pas innocent, périsse la traduction de mon œuvre en allemand, en italien, en hébreu, en sanscrit et en volapück !

Mais Vacher est innocent, je le jure !

Et la preuve qu'il est innocent, la preuve palpable, écrasante, irréfutable, la preuve probante par dessus toutes, c'est que je le jure, moi Zola !

Vacher est innocent, je le jure !

Je le jure sur le derrière de La Mouquette et sur le coccyx de Barchichat !...

Emilio ZOLA.

Pour ne pas affaiblir la portée de cette magistrale épître du Maître, je ne la ferai suivre d'aucun commentaire.

Que les âmes sensibles veuillent bien m'excuser de la seconde lettre publiée ci-après.

LETTRE DE VACHER-

A SA FIANCÉE

MA PETITE BERGÈRE,

A toi, à toi seule dont le cœur m'est resté fidèle, je puis dire l'affreuse torture qui me consume ; je puis, du moins, crier toujours et bien fort mon innocence.

Parce que je suis pauvre et craintif, on m'accable. Parce que je suis seul, faible et sans ressources, on m'écrase, on me broie sans pitié. On m'accuse d'avoir ouvert le ventre, par plaisir, à une quarantaine de jeunes filles, moi qui, en classe, n'ai voulu jamais planter des petits triangles de papier dans le derrière d'une mouche !

On m'accuse d'avoir violé plusieurs douzaines de vierges mâles et femelles, et je ne sais même pas ce que ce mot veut dire...

Tu sais, ma petite Juliette, combien j'étais naïf et pur quand j'ai quitté le village pour courir le trimard ? Eh ! bien, même au régiment, j'ai conservé cette candeur et cette innocence que je me promettais de t'offrir seulement quelques jours avant tes noces.

Un jour, étant sergent, je me fâchai tout rouge avec un de mes meilleurs camarades qui m'avait amené chez des parentes, au fond d'une étroite impasse éclairée par un réverbère rouge. Or, en entrant, j'aperçus une femme qui était en train de s'habiller, sans doute, car elle n'avait que sa chemise et des bas. Pris de honte, je me sauvai et n'osai jamais plus remettre les pieds dans cette famille.

Aussi je me demande ce qu'on peut vraiment me reprocher

quand on m'accuse d'avoir violé des bergères. Le sais-tu, ma petite Juliette ? Sais-tu si je t'ai violée quelquefois ? Sais-tu aussi ce que peut bien vouloir dire le gardien de ma prison quand, me regardant d'un œil malin, il me dit : « Mon vieux lapin, tu n'avais pas assez des bergères, il te fallait encore des bergers ? »

Oh ! ma chère petite mignonnette adorée, je t'assure que je n'ai jamais rien fait de mal. Je n'ai jamais attaché de hanneton par la patte, ni plumé des oiseaux vivants, ni dit de gros mots !

Je suis innocent, ma chérie adorée, je suis innocent comme quand j'ai fait ma première communion, et je t'aime encore plus.

Ecris-moi et console moi. Surtout fais-moi vite sortir de cette maudite prison où je meurs, afin que je vienne vite avec toi pour être ton petit homme et pour que tu sois ma petite femme, comme nous nous l'étions promis, tu sais, quand nous ramassions des marguerites dans les prés ..

Sauve-moi, ma bonne petite Juliette, car je suis innocent, je te le jure, et je t'aime.

Ton petit

Isidore VACHER.

Peu de personnes, je crois, auront pu lire cette lettre sans éprouver l'angoissant attendrissement qui me convulsionne le cœur et déchire mes entrailles. Peu de femmes surtout, peu de jeunes filles en promesses d'amour, auront pu retenir leurs larmes à cette palpitante lecture.

Je demande pardon à toutes, de ces douleurs et de ces larmes ; cette publication était nécessaire pour l'éclatante manifestation de la Vérité à laquelle j'ai voué ma popularité, mon œuvre, ma fortune et ma liberté.

J. D.

LES INTELLECTUELS

De tous les coins de l'Univers, partout où il y a un cerveau qui pense et un cœur qui palpite, m'arrivent des protestations indignées contre les inqualifiables manœuvres que l'Etat-Major de la Justice française dirige contre Vacher.

De toutes parts, de Pékin, de Rome, de Londres, de New-York, de Berlin, de Pampaligouste et d'Azeffoun, du Guadalquivir à l'Amour, et de la Tamise au Mississipi, de partout s'élève l'unanime révolte de la morale éternelle en faveur de l'Innocent.

Je ne puis publier, à mon grand regret, que quelques-unes de ces lettres. Je les prends au hasard, parmi les milliers qui affluent à mon adresse depuis quelques jours et qui proviennent de toutes les capitales des Lettres, de la Science et de l'Art :

ALLEMAGNE

Kircheimbolanden (Rhein-Bayern)
den 4 marz 1898.

Hochgeehrter Herrn Jacques Defrance, Alger,

Muthiger Gerechtigkeitsvertheidiger,

Ich bin glücklich, Ihnen meinen Beistand in Wart und aufrichtiger Genngthuung zu Ihrem eifrigen Unteruchmen für die Menschenfrennliche Gerechtigkreit aus sprechen zu konnen.

*Ja Vacher ist unschuldig, ich beschwore es und ich bin ver
sichert durch die uber, Zeugten Aussprachen meiner Landslente ;
der Herren, Bulow, Reinach, Scheurer-Kestner. Ich bin absolut
überzeugt für das Gotingen, Ihres grossen Unternechmen und
ich habe die Ehre in Iknen din grossten Pfleger der Gerechtigkeit
dieses Jahrhunderts grüssen zu können.*

   Zeichnet Hochachtungvollst.

SCHAUCKELMEYER,

Sonnenschirmfabricant.

Que pourront répondre à ce vibrant plaidoyer d'un
pur *intellectuel*, les chats-fourrés de la tartufferie offi-
cielle ?

Rien ! rien ! rien ! moins que rien, je l'affirme !

Voici une non moins virulente exécution de nos mo-
dernes Escobars. Je viens de la recevoir de Londres, ce
matin même :

ANGLETERRE

—

Maiden Street London,
this 3ᵈ march 1898.

   To Jacques Defrance Esquire.

   Dear Sir,

   *I feel very happy and proud of the opportunity that you give
me in protesting very loudly, in the name of human Justice,
against the frightful tentative wich is in way of perpetration by
the double-faced french proceedings.*

   *You wants me to tell you if I am bound with the innocence of
Vacher the supposed murderer of Shepherdess ? of course I do
believe with all my consciousness in the guiltlessness of the poor
man, and the very prove I got of it is in the heartful declaration
that I received from a young pretty Shepherdess whom I met at*

Newcastle (New-South-Wales) when in my last trip to Australia.
We then are both in perfect accordance with regard that question, and with you also I will Shout out the cry of, « Hurrah for light !, Hurrah for truth ! Hurrah for Justice ! »
Here is the very proof !

Yours truly,
Thomas WILLS.

Waiter at the 12th Ladies International.

Après la grande et généreuse Allemagne qui nous bafoue et nous condamne, voilà l'Angleterre, l'hospitalière, la libre et vertueuse Angleterre qui nous raye de la carte des peuples civilisés.

O honte ! O honte ! mille fois honte !

Je pourrais multiplier à l'infini ces éloquentes citations qui, je dois le dire à la confusion de mon malheureux pays, m'arrivent presque toutes de l'étranger. Je craindrais de fatiguer peut-être le lecteur.

Je ne saurais cependant passer sous silence cette superbe apostrophe qui s'élève, cette fois, du sommet de la France littéraire, comme le cri sublime de l'Olympe, vers l'immuable et souveraine sentence de la Postérité :

FRANCE

—

Cher Maître Vénéré,

L'astrale combinaison immarcescible vers les inéluctables transformismes où s'irisent dans les mystiques ondées les vespérales ombres, pareilles aux floraisons rénovatrices d'Asclépiades héroïques sur les impénétrables sacrifices d'Inachus, où s'élaborent, s'agitent, se

démènent, s'irradient et flamboient les suaves investi-
tures des destins inasservis, où s'épanouissent, de leurs
propres et mystérieuses remenbrances, les printanières
ellébores d'Eleusis, se traduit et s'énonce.

Dans le frénétique azur opalin essore, en ses liliales
extases, l'apothéose fleurie sous l'esthétique magie
archangélique des doigts de Polyclète et de Rubens, et
s'auréole, en les purpurines flammes de l'éternelle
vérité, la figure, apâlie aux songes des Kosmos mais
souveraine en son auguste et rayonnante propitiation,
du Juste.

Oh! l'enveloppante, la pénétrante, la réconfortante
illumination de l'Etoile!... l'Etoile du Berger!.. l'Etoile
de Vacher!!...

Oh! le frissonnement spasmodique des lumières
d'En-Haut! Oh! les palpitations fantastiques des
mondiales clartés! Oh! l'embrasement des glorieuses
réhabilitations parmi les fulgurances insondables des
systèmes et des Ethers!...

Qu'ils sont donc à plaindre et à mépriser les pitoyables
atomes rampants que l'obscurantisme à travers les
synthèses évolutionnelles, laisse gésir en les poisseuses
moisissures distillées par les larves venimeuses du Chaos!

Et combien, combien oh! combien! j'exulte en ma
contemplative incandescence, combien j'exulte et j'exulte
l'aveuglante flammée qui me pénètre et la voix aurorale
qui fait vibrer tout mon Etre..... des saintes harmonies
de la Matière incoërcible éternelle et inexprimable
toujours...

Oh! les comateux enténèbrements — fétides abîmes
inexplorables et non limbes embrumés en leurs vagues
symphonies ouvrables aux purificatrices épiphanies —
échos improgressifs immanés et répercutés à travers
les âges de la mort et les royaumes noirs des hourvaris
initiaux des molécu'es inécloses — creuset formidable
et cosmique d'où s'évapore, en son ascensionnelle
puberté, l'Annonciation solennelle de la Raison des
choses et l'Etre, instaurant pour les Scientifiques Avenirs,
le temple de Lumen sur les baves solidifiées des mysté-
rieux prétérits!

Alors, parmi les ensoleillements victorieux de l'Histoire Universelle, dans l'orbe étincelant de l'Astre irra-

diant enfin le Droit rétroactif des Parthénons inexpugnables sur la tunique et le peplum purifiés de Thémis, apparaîtra — symbolique Effigie de Lumière — sereine Image du Sacrifice et de l'Apostolat — sur la débâcle des Nuits et des Ténèbres pantelantes, l'auguste facies de Vacher !...

.... Et ce sera alors la gloire de notre nom qui resplendira sur les Mondes pour avoir, contre toutes les infamantes coalitions des Sacristies, des Casernes, des Ergastules et des Trônes, célébré les vertus de ce nouveau fils de Zacharie et chanté la Beauté de son Geste.

Et si, nouvel Hercule, vous ne brisez point de ce nouveau Prométhée les chaînes qui le lient sur notre moderne Caucase, vous n'en aurez pas moins porté la nudité de l'Idéale Vérité, en les formes enivrantes de ses chairs immaculées, jusques dans les repaires d'Erymanthe et sur les ondes émancipées du lac Stymphale.

Sur votre char de guerre, nous vous couronnerons des lauriers de la Terre et des flammes de l'Immortalité, pendant que vous daignerez savourer les pommes d'or du verger des Hespérides !...

Telle est, très cher et suréminent confrère et Maître, dans la blanche manifestation de sa plénitude, l'adéquate expression intégrale de la superbe admiration que je vous ai vouée.

Ce 12 mars 1898,

en la passagère demeure de mon équivalent,

au plateau de Gravelle, tout près Charenton,

Olympe VYDHERSONN,

Esthète,

Directeur de la Revue de Cosmogonie analytique « Le Parapluie. »

A cette magnifique et talentueuse plaidoirie qui excitera l'admiration de tout ce qui a des entrailles généreuses et qui obtiendra, en outre, l'approbation unanime et si méritée des milieux littéraires des deux mondes, je n'ose plus rien ajouter.

A quoi bon ?... La cause est maintenant entendue. L'Opinion a jugé !

Dépêche télégraphique.

Au moment de mettre sous presse, mon ami Max Régis me fait remettre le télégramme suivant :

Jacques DEFRANCE, *Antijuif*,
Alger.

Suis de tout cœur avec vous pour l'œuvre si courageuse de haute morale et d'éternelle vérité à laquelle vous consacrez votre noble talent.

Viens d'envoyer central Paysant à Paris pour constitution d'un Syndicat de réhabilitation auquel Rothschild m'a promis avance d'un Milliard.

Ayez-donc confiance, mais méfiez-vous d'un certain maire, que vous connaissez trop bien, ainsi que de l'agent général d'une maison d'exploitation politique à la figure de cardinal de mi-carême.

LÉPINE,
Préfet de police à Alger.

Ce télégramme est-il authentique ? N'est-ce point l'œuvre d'un Lemice-Trarieux quelconque, ou simplement une bonne blague de Régis ?

L'avenir nous le dira peut-être.

UN TRISTE FUMISTE

J'aurais pu terminer là ma première plaidoirie en faveur de l'innocent et doux Vacher.

Je veux, avant de la clore, clouer au pilori du mépris public, un charlatan sans vergogne qui cherche aujourd'hui à se faire de mon œuvre, un tremplin pour l'assouvissement d'inavouables appétits, semant la division dans nos rangs et ravalant la beauté de l'Idée dans l'ornière de mesquines ambitions personnelles.

Voici la lettre, qu'il y a un mois, ce monsieur m'adressait :

Mustapha, le 15 septembre 1897.

Monsieur Jacques DEFRANCE,

En réponse à votre lettre de ce jour, je m'empresse de vous faire connaître que je ne crois pas encore le moment bien propice pour la protestation que vous préparez.

Ma conviction en l'innocence de Vacher aurait besoin, pour s'affirmer, d'un plus solide espoir en la réussite de votre tentative.

Il conviendrait donc, à mon avis, de laisser d'autres hommes, plus compétents ou plus audacieux, éduquer d'abord le Peuple et le soulever ensuite en d'énergiques et unanimes protestations.

L'état de l'opinion ainsi préparé me permettrait alors de mieux prendre le vent et me laisser porter par le courant jusqu'au triomphe définitif.

Actuellement, je ne puis risquer une situation acquise à la faveur d'un heureux concours de circonstances et que je cherche, au contraire, à faire prospérer au prix de longs et pénibles efforts.

Agréez, Monsieur, l'assurance de mon absolu dévouement pour une occasion plus favorable, et l'expression de ma respectueuse et vive sympathie.

Félix PRADEL,
Fumiste, rue du 4 Septembre, Mustapha.

Ainsi, ce monsieur Pradel, craignait, il y a quelques mois, de s'aventurer dans une lutte dont (il l'avoue avec un cynisme ingénu), il ne croyait pas au succès. Il craignait, ajoute-t-il, de compromettre l'avenir de ces *fumisteries*.

Mais aujourd'hui que les événements m'ont donné raison, maintenant que l'Algérie, la France et le Monde entier me soutiennent de leurs puissantes voix, il sent le *moment propice* venu (plus tôt qu'il ne pensait) et, cherchant à *prendre le vent*, à entrer dans le *courant*, voici la seconde lettre qu'il m'adresse et qu'il a rendue publique :

Monsieur,

J'apprends que vous osez réclamer le droit d'antériorité au sujet d'une formidable protestation dont j'ai saisi l'Opinion publique en faveur du malheureux Vacher.

Je proteste énergiquement contre cette tentative de plagiat et d'escamotage. Jamais, sachez-le bien, je ne commettrai cette mauvaise action de laisser dévaliser mon patrimoine moral, ou autre, par un clérical et un exotique tel que vous.

Bientôt vont s'ouvrir les assises du suffrage universel. Je porterai la question devant ce tribunal où j'attendrai avec la confiance que je puise en la conscience du devoir accompli, le verdict souverain du Peuple.

Vous êtes un cafard et un escroc ! Moi seul ai qualité pour représenter la Justice, le désintéressement et la véritable Humanité !

Félix PRADEL,

Fumiste, rue du 4 Septembre, Mustapha.

Je vous le dis, en vérité, ce monsieur est bien un FUMISTE.

Alger, mars 1898.

J. D

ALGER. — IMP. BALDACHINO-LARONDE-VIGUIER.

www.ingramcontent.com/pod-product-compliance
Ingram Content Group UK Ltd.
Pitfield, Milton Keynes, MK11 3LW, UK
UKHW020118100726
13658UKWH00005B/2252